Béla Bartók

Rumänische Volkstänze

Ausgabe für Violoncello und Klavier
bearbeitet von Luigi Silva

Universal Orgel Edition

Vorwort

Die *Rumänischen Volkstänze* gehören ohne Zweifel zu den populärsten Werken Bartóks. Die früheste Fassung ist für Klavier (1915) und erschien bei Universal Edition im Jahre 1918; sie wurde vom Komponisten selbst bereits 1917 für Orchester bearbeitet, mehrere Einrichtungen für andere kammermusikalische Besetzungen stammen zwar nicht von Bartók (z.B. für Violine und Klavier von Zoltán Székely), wurden aber durch ihn autorisiert.

Das musikalische Material des Werkes entstammt Bartóks Sammeltätigkeit, die bis zum Jahr 1904 zurückreicht, als er erstmals den Gesang eines ungarischen Bauernmädchens aufzeichnete. Ausgedehnte Reisen durch ganz Osteuropa erbrachten einen riesigen Melodienschatz (1918 umfaßte Bartóks Sammlung nicht weniger als 2700 ungarische, 3500 rumänische und 3000 slowakische Tänze und Lieder), der ohne diese Aufzeichnungen wahrscheinlich verloren gegangen wäre, so aber teilweise in Bartóks Werk einging. 1908 notierte Bartók Tänze in Siebenbürgen; auf sie gehen die *Rumänischen Volkstänze* zurück.

R. K.

Preface

The *Romanian Folk Dances* undoubtedly rank amongst Bartók's most popular compositions. The earliest version is scored for piano (1915) and was published by Universal Edition in 1918. The composer himself orchestrated this version in 1917. Several other chamber music arrangements (for example, Zoltán Székely's version for violin and piano) were not by Bartók, although he authorised them.

The musical material derives from Bartók's collections of folk music, which date right back to 1904, when he wrote down a melody sung by a Hungarian peasant girl. In the course of extensive travels throughout Eastern Europe, Bartók compiled an enormous collection of folk tunes (by 1918 his collection comprised no fewer than 2700 Hungarian, 3500 Romanian and 3000 Slovak dances and songs) which would in all probability have been lost had Bartók not written them down. As it was, some of them found their way into his compositions. In 1908 Bartók jotted down dance tunes in Transsylvania. They are the source of the *Romanian Folk Dances*.

R. K.

Préface

Sans aucun doute les *Danses populaires roumaines* comptent parmi les œuvres de Bartók les plus connues généralement. En leur première version pour piano (1915) elles furent publiées par Universal Edition en 1918; dès 1917 le compositeur lui-même les arrangea pour orchestre, plusieurs adaptations pour d'autres ensembles de musique de chambre ne sont pas de Bartók, mais autorisées par lui (par exemple la version pour violon et piano, de Zoltán Székely).

La matière musicale de l'œuvre provient du patrimoine de mélodies recueillies par Bartók depuis 1904, année de son premier enregistrement d'un chant d'une fille paysanne hongroise. Pendant ses importants voyages en toute l'Europe de l'Est il put par la suite réunir des richesses inouïes (en 1918 les danses et chants recueillis par lui étaient au nombre de 2700 pour la Hongrie, de 3500 pour la Roumanie et de 3000 pour la Slovaquie), qui – sans les enregistrements de Bartók – se seraient certainement perdues. Ces mélodies ont partiellement inspiré à Bartók certaines de ses œuvres. En 1908 il nota des danses de Transsylvanie, qui sont à l'origine de ses *Danses populaires roumaines*.

R. K.

Durata: 4'40"

Domnului Prof. Ion Busitia

Rumänische Volkstänze
für Violoncello und Klavier
bearbeitet von Luigi Silva

Béla Bartók
(1881 – 1945)

I   JOC CU BÂTĂ

Universal Edition UE 13 265

(1'08")

II BRÂUL

Allegro (♩ = 144)

(25")

III PE LOC

IV BUCIUMEANA

V POARGĂ ROMÂNEASCĂ

Allegro (♩ = 146)

VI MĂRUNȚEL

Più allegro ($\quad$ = 152)